Oteng Ramarea

Sistema de gestão das propinas

Oteng Ramarea

Sistema de gestão das propinas

Imprint
Any brand names and product names mentioned in this book are subject to trademark, brand or patent protection and are trademarks or registered trademarks of their respective holders. The use of brand names, product names, common names, trade names, product descriptions etc. even without a particular marking in this work is in no way to be construed to mean that such names may be regarded as unrestricted in respect of trademark and brand protection legislation and could thus be used by anyone.

Cover image: www.ingimage.com

This book is a translation from the original published under ISBN 978-620-2-04979-5.

Publisher:
Sciencia Scripts
is a trademark of
Dodo Books Indian Ocean Ltd. and OmniScriptum S.R.L publishing group

120 High Road, East Finchley, London, N2 9ED, United Kingdom
Str. Armeneasca 28/1, office 1, Chisinau MD-2012, Republic of Moldova, Europe
Printed at: see last page
ISBN: 978-620-8-21618-4

Conteúdo

Agradecimentos

Como contributo para o êxito deste projeto, o grupo gostaria de agradecer às seguintes pessoas a ajuda, a orientação e o esforço que deram:

1. MR Keitumetse Gobotsamng (Supervisor do projeto): o supervisor contribuiu muito, actuando como um guia para a conclusão deste projeto.

2. MR RESEGO TOM RABALONE: além disso, gostaria de agradecer ao senhor deputado Rabalone por ter fornecido as ferramentas necessárias, como a disponibilização do Latex Package, para concluir este projeto.

3. Por último, agradeço aos meus colegas a sua cooperação para garantir que o projeto e o sistema fossem concluídos atempadamente, de acordo com os seus ideais.

4. Gostaria de agradecer a todas as outras partes interessadas pela disponibilização dos recursos necessários à realização deste projeto, tais como software e meios de comunicação impressos.

PROJECTO DE ENGENHARIA DE SISTEMAS (PROJECTO SE)

Capítulo 1

INTRODUÇÃO

1.1   RESUMO DO PROJECTO

1.1.1 ANTECEDENTES

Até à data, a Fly High utiliza o pacote Microsoft Office, precisamente o Excel (folhas de cálculo), para manter registos dos dados dos alunos. O problema de utilizar uma folha de cálculo é que aumenta a carga de trabalho dos funcionários, que têm de passar de uma folha de cálculo para outra, deslocando-se continuamente para cima e para baixo para ver os dados de inscrição de um determinado aluno. O outro problema da utilização de uma aplicação Excel (folha de cálculo) é que muitas outras aplicações podem também ser utilizadas para a elaboração de um relatório completo, pelo que a utilização de muitas aplicações para compilar um relatório pode ser morosa, uma vez que se tem de passar de uma aplicação para outra, podendo também aumentar os custos, uma vez que se tem de comprar mais do que uma aplicação para o funcionamento de todo o sistema. Além disso, pode resultar na indefinição do relatório durante a análise dos resultados.

1.1.2 OBJECTIVO/FINALIDADE

O sistema que está a ser desenvolvido será capaz de armazenar e apresentar os dados dos alunos inscritos de uma só vez. Em segundo lugar, o sistema será capaz de produzir um relatório com os dados do aluno, da disciplina e da mensalidade. Por último, o sistema também poderá produzir, por ordem administrativa, um relatório completo com os dados de cada aluno e os comentários dos professores. O sistema pretendido destina-se principalmente aos utilizadores administrativos de quem quer que seja, tal como os objectivos foram construídos e enunciados.

1.1.3 RESULTADO DESEJADO

Para alcançar todos os resultados desejados, o sistema implicará (utilizará) algoritmos de pesquisa e ordenação para obter a maioria dos resultados acima referidos. Os algoritmos de pesquisa e de ordenação serão construídos no âmbito de um software de desenvolvimento de aplicações denominado Visual Studio, associado ao SQL Server 2008 para as funcionalidades da base de dados e o repositório de dados. O sistema de aplicação autónomo pretendido deve residir num sistema informático simples, com uma lista de requisitos que inclui um processador de 1,8 GHz, uma resolução de 800 * 600, 100 MB de memória de armazenamento livre, funcionando numa plataforma Windows.

1.1.4 METODOLOGIA

1.1.5 MEMBROS DA EQUIPA

Para alcançar o sucesso final, foi escolhida uma equipa constituída por quatro membros que trabalharam em conjunto para criar o sistema completo de modo a tornar este projeto um sucesso. A equipa é constituída pelos seguintes alunos, apresentados em forma de tabela:

NOME DO MEMBRO	PAPEL DOS MEMBROS
OTENG RAMAREA	CHEFE DE EQUIPA
BOKAMOSO RAMOCHA	SECRETADIA
GORATA P. RADITHUPA	EDITOR
SYLVESTER D. RAMONTSHO	TECNOLOGIA. CONSULTOR

Quadro 1.1: MEMBROS DA EQUIPA

1.2 ANÁLISE E CONCEPÇÃO DOS REQUISITOS 1.2.1 LISTAGEM DOS REQUISITOS

1. O sistema deve ser capaz de gerar uma lista de estudantes admitidos e de mostrar os pormenores da inscrição.

2. O proprietário ou o responsável pela guarda deve poder ter funções administrativas, ou seja, adicionar ou remover contas de utilizador.

3. O utilizador do sistema deve ser capaz de iniciar e terminar a sessão com êxito. Em resposta, o sistema deve alertar o utilizador para o facto de não ter conseguido iniciar a sessão ou de a ter conseguido.

4. O sistema deve atribuir automaticamente a cada disciplina o seu custo e calcular o saldo total que um aluno inscrito deve pagar.

5. A aplicação deve permitir ao utilizador guardar e recuperar registos especificados.

6. O sistema deve ser capaz de produzir um relatório anual e mensal que mostre os registos financeiros e os detalhes adequados dos estudantes inscritos num determinado ano ou mês.

7. O sistema deve gerar uma identificação única para todos os candidatos admitidos e atribuí-la aos estudantes adequados.

8. Além disso, o sistema deve ser capaz de detetar conflitos e alertar o utilizador.

9. As alterações introduzidas nas informações gerais devem alertar as partes interessadas, ou seja, o utilizador e o estudante. Os estudantes podem ser notificados através do sistema integrado de mensagens instantâneas, enquanto o utilizador será notificado através de uma caixa de mensagens apresentada no ecrã.

10. O sistema deve ser capaz de gerar e manter um ficheiro de registo que consista nos erros que o sistema produz, bem como nas tentativas mal sucedidas ou falhadas e no registo bem sucedido no sistema, devendo incluir a hora específica em que o evento ocorreu.

11. O sistema deve ter uma funcionalidade que mostre o número de disciplinas em que os alunos se inscreveram e o número de alunos inscritos por disciplina.

12. O sistema deve ter uma funcionalidade que permita mostrar a contagem do número de alunos inscritos por mês.

13. O sistema deve ter uma funcionalidade que permita recuperar as disciplinas comuns e as disciplinas com um elevado número de inscrições por nível.

14. O sistema deve ter uma funcionalidade para mostrar a disciplina menos comum e a inscrição no curso por nível.

15. O sistema deve alertar o administrador e o aluno (o aluno será alertado por SMS) se os pagamentos forem devidos.

1.2.2 CATÁLOGO DE REQUISITOS

Segue-se o catálogo de requisitos utilizado para explicar melhor os requisitos.

REQUISITO	GERAÇÃO DE RELATÓRIOS
ID DO REQUISITO	RQ01
DESCRIÇÃO DOS REQUISITOS	1. O sistema deve gerar e apresentar os dados de inscrição dos estudantes admitidos. 2. O sistema deve gerar um relatório mensal de registo dos alunos que indique se os alunos devem ou não devem ao centro.

REQUISITOS NÃO FUNCIONAIS	1. A impressão de relatórios deve estar disponível para mais opções de saída, como a visualização de saída secundária.
	2. Arquivo de definições de relatórios (disponibilidade de diferentes relatórios).
	3. Os pormenores dos relatórios gerados devem poder ser utilizados em regras de tomada de decisões críticas, como os pormenores da taxa mensal, que podem ser utilizados para saber se houve lucro ou prejuízo (descreve o fluxo de caixa).
	4. Com relatórios pormenorizados que preenchem a base de dados, é possível fazer inferências estatísticas, por exemplo, utilizando variáveis demográficas como o género, o rácio entre homens e mulheres que se inscreveram, em que disciplinas e nível de curso.

Quadro 1.2: RQ 01

REQUISITO	GERAÇÃO DE IDENTIFICAÇÃO
ID DO REQUISITO	RQ02
DESCRIÇÃO DO REQUISITO	1. O sistema deve gerar uma identificação única para todos os estudantes admitidos.
	2. São atribuídas identificações únicas a cada aluno para os distinguir uns dos outros.
REQUISITOS NÃO FUNCIONAIS	1. A duplicação de registos deve ser impossibilitada (deve ser evitada a redundância de dados).

Quadro 1.3: RQ 02

REQUISITO	ALTERAÇÃO DAS CONTAS
ID DO REQUISITO	RQ03
DESCRIÇÃO DO REQUISITO	1. O proprietário ou o responsável pela guarda deve poder ter funções administrativas, ou seja, adicionar ou remover contas de utilizador.
	2. As alterações introduzidas nos dados devem atualizar e alertar o utilizador para essas alterações, ou seja, o utilizador deve poder editar, apagar e acrescentar registos.
REQUISITOS NÃO FUNCIONAIS	1. A função de editar, acrescentar e apagar registos deve ser disponibilizada no sistema.

Tabela 1.4: RQ 03

REQUISITO	CONTROLOS DE INÍCIO DE SESSÃO E DE AUTENTICAÇÃO
ID DO REQUISITO	RQ04
DESCRIÇÃO DO REQUISITO	1. O utilizador deve ser capaz de iniciar e terminar a sessão com êxito.
	2. O sistema deve ser capaz de autenticar e autorizar os utilizadores a executar tarefas.
REQUISITOS NÃO FUNCIONAIS	1. O nome de utilizador e as palavras-passe devem ser conhecidos pelo utilizador (administrador).

Quadro 1.5: RQ 04

REQUISITO	MODIFICAÇÃO DO OBJECTO E GERAÇÃO DOS SEUS CUSTOS
ID DO REQUISITO	RQ05
DESCRIÇÃO DO REQUISITO	1. O sistema deve atribuir automaticamente a cada disciplina o seu custo e calcular o saldo total que a inscrição deve p^a y.
REQUISITOS NÃO FUNCIONAIS	1. Os custos das disciplinas devem estar imediatamente disponíveis para todos os novos alunos inscritos. 2. Com os custos prontamente disponíveis para todas as disciplinas, as margens de lucro e de perda podem ser representadas numa base mensal ou por inscrição. 3. As alterações introduzidas nas informações gerais devem alertar as partes interessadas, ou seja, o utilizador e o estudante. Os estudantes podem ser notificados através do sistema integrado de mensagens instantâneas, enquanto o utilizador será notificado através de uma caixa de mensagem apresentada no ecrã

Quadro 1.6: RQ 05

REQUISITO	ECRÃ DE GRAVAÇÃO
ID DO REQUISITO	RQ06
DESCRIÇÃO DO REQUISITO	1. O sistema deve permitir que o utilizador guarde e recupere registos especificados, que serão apresentados no ecrã como visualização de saída primária.
REQUISITOS NÃO FUNCIONAIS	1. É necessário um monitor/ecrã simples para a saída primária.

Quadro 1.7: RQ 06

Capítulo 2

<u>REVISÃO DA LITERATURA</u>

2.1 INTRODUÇÃO

No que diz respeito à história da utilização dos Sistemas de Informação de Gestão (SIG), a ideia do computador digital nasceu originalmente em 1937. Mais tarde, em 1939, o Dr. John V. **Atanasoff** e o seu assistente **Clifford** Berry construíram o primeiro computador digital eletrónico com a ajuda de uma bolsa do Lowa State College. A sua máquina, denominada **Atanasoff-Berry-** Computer (ABC), constituiu a base para os avanços dos computadores electrónicos digitais. Estes computadores processavam bits binários de informação e efectuavam cálculos matemáticos para projectos científicos e para a resolução de problemas de física (física quântica, barras e placas elásticas), bem como de engenharia (análise de vibrações) **Atanasoff** (2006).

A gestão é maioritariamente considerada uma terminologia empresarial e, em alguns casos, torna-se realmente irrelevante para o domínio empresarial. Em termos empresariais, a gestão refere-se ao processo de coordenação de pessoas e outros recursos para atingir os objectivos de uma organização, Pride (2012). Outro conceito vital para esta investigação é o de sistema, que significa simplesmente um conjunto de componentes interactivos ou interdependentes que formam uma entidade colectiva ou um todo complexo. Agora, se estes dois termos básicos forem integrados, formam um termo interessante que é Sistema de Gestão. Um sistema de gestão é constituído por um conjunto de práticas e procedimentos utilizados para assegurar que uma organização pode realizar as tarefas necessárias para atingir os seus objectivos. O conceito de sistema de gestão foi reformulado quando surgiu a distinção entre dados e informação. Devido a esta questão, nasceu o conceito de Sistema de Informação de Gestão (SIG), no entanto, o SIG progrediu ao longo do tempo, compreendendo muitas facetas diferentes, Strasler (1996). De acordo com a história, os sistemas de informação de gestão abrangem pelo menos seis décadas como objeto de estudo, Ndede-Amadi (2013).

2.2 CORPO PRINCIPAL

A utilização de sistemas de informação de gestão (SIG) tem-se tornado mais popular ao longo dos anos. O sistema baseado na Web representa um exemplo excecional de gestão do processo transacional em linha, a fim de obter um melhor êxito do processo de trabalho; em todo o caso, os sistemas de gestão desenvolvidos como aplicações autónomas são utilizados há bastante tempo. Atualmente, a utilização de sistemas baseados na Web tem vindo a deteriorar-se, tendo em conta os sistemas recentemente modelados, incluindo o sistema que será modelado, uma vez que representa uma aplicação autónoma alojada no domínio do centro de ensino. Os sistemas baseados na Web abrangem uma grande variedade de distâncias, mas as aplicações autónomas abrangem normalmente uma distância curta ou uma pequena área confinada. Em contraste com o sistema que está a ser modelado, que é uma aplicação autónoma, será alojado no domínio do centro de ensino. Este tipo de aplicação só será acedido dentro dos limites do centro de ensino e não através da Internet. Ao utilizar o sistema de gestão informatizado, há muito mais flexibilidade no tratamento dos dados. Os modelos de base de dados proporcionam uma forma fácil de manuseamento e gestão de dados. Esta noção apoia o sistema a ser modelado, uma vez que permite a exploração de mais funcionalidades. Estas funcionalidades incluem a apresentação da disciplina menos comum e da inscrição no curso por nível e a recuperação de disciplinas comuns e da disciplina que tem um elevado número de inscrições por nível. Sagiroglu, et. al (2013) afirmou: "Um instituto precisa de ser eficaz na gestão da informação para obter um melhor desempenho devido aos desafios dos dados não estruturados". A criação de um Sistema de Informação de Gestão (SIG) que abranja todas as actividades de inscrição é muito eficaz neste caso, uma vez que também será mais importante na tomada de decisões cruciais, e estas decisões envolvem: determinar se há lucro ou prejuízo, qual o departamento ou nível que precisa de mais membros do material e qual o departamento que precisa de ser dissolvido com base na contagem do número de estudantes inscritos no nível ou nesse departamento. O sistema de gestão do centro de ensino (TCMS) é o sistema utilizado no centro de ensino, segundo o IBRAHIM (2007). A ideia de criar um sistema de gestão de propinas deve-se à falta de um sistema de gestão informatizado para centros de ensino como o Fly High Tuition Center. A revisão de um sistema existente foi feita e analisada de modo a descobrir a falta e o método inadequado do sistema existente. O sistema de gestão que foi analisado nesta tese é específico para o aspeto do centro de ensino. O utilizador do sistema de gestão é a pessoa que lida com as tarefas de gestão, que são o pessoal e a gestão de topo, segundo o IBRAHIM (2007). Em contraste com o sistema que está a ser modelado, os utilizadores do sistema de gestão serão administrados pelo proprietário do Fly High Tuition Center. O IBRAHIM (2007) continua a afirmar que o sistema deve ter a capacidade de manter grandes quantidades de dados organizados, seguros e pode reduzir a utilização de papéis. Em qualquer modelagem de banco de dados, o objetivo é ter um grande repositório que seja muito seguro e que mantenha os dados em um formato organizado. No caso do Centro de Ensino Secundário Fly, o objetivo é construir um sistema aplicacional que acomode grandes quantidades de dados e que se mantenha organizado durante um período de tempo mais longo. Além disso, a intenção é tornar o sistema de aplicação tão simples e fácil de utilizar quanto possível. Ao contrário de outros Sistemas de Informação de Gestão (SIG) que foram desenvolvidos anteriormente e que pareciam complexos para os novos utilizadores do sistema, a interface do utilizador deve ter palavras, instruções, ícones e mensagens comunicativas muito simples (mensagens de erro ou mensagens de sucesso e de progresso) para facilitar a utilização do sistema pelos utilizadores principiantes e por qualquer utilizador designado para o efeito. Por vezes, como neste caso, a redução da utilização de papel não pode ser referida ou considerada um fator, uma vez que os relatórios seriam impressos como uma opção de saída secundária. No sistema de gestão de centros de ensino do IBRAHIM (2007), havia seis módulos de tarefas a realizar para completar o sistema. Todas as tarefas são geridas utilizando a técnica de aplicação de base de dados. Tendo em conta o trabalho de IBRAHIM (2007), o sistema a modelar não inclui apenas módulos de tarefas para completar o sistema, mas combina várias funcionalidades para que todo o sistema fique completo; estas incluem a geração de relatórios sobre as propinas anuais e mensais e as matrículas, funcionalidades para alertar o utilizador e o administrador se o pagamento for devido, mostrar a contagem do maior e do menor número de alunos por disciplina, esta funcionalidade pode tornar-se muito útil no processo de tomada de decisões, como por exemplo para determinar se há lucro ou prejuízo ou mesmo para determinar se é necessário mais pessoal. Em qualquer sistema de gestão, a segurança deve ser uma preocupação importante, tanto quanto a estrutura de dados, pelo que se deve considerar a possibilidade de criar um ficheiro de registo para acompanhar os registos de erros e as tentativas bem sucedidas. Um ficheiro de registo pode vir a ser muito útil no futuro, como medida de avaliação da segurança para futuros melhoramentos. Tuomi (1999) continua a afirmar que a utilização de elementos de base de dados pode produzir dados de sistema mais estruturados. Este sistema é um tipo de ambiente cliente-servidor. Utiliza a aplicação baseada na Web que requer um navegador de Internet para funcionar. O sistema concebido reduziu a forma ineficiente que era utilizada antes de o novo sistema ser empregue. IBRAHIM (2007) afirmou que; Esta tese pode ser um meio para expressar o processo de planeamento, análise, conceção, implementação e teste deste sistema. Cranor (2005), No que diz respeito às medidas de segurança, o sistema que está a ser construído empregará certas medidas de segurança. A partir do ficheiro de registo, serão inevitavelmente estabelecidas restrições às palavras-passe (medidas que são postas em prática na geração da palavra-passe), tais como a medida da força da palavra-passe, o comprimento da palavra-passe, uma vez que estas serão tidas em consideração ao definir um algoritmo que irá gerar as palavras-passe dos utilizadores.

Capítulo 3

CONCEPÇÃO DO SISTEMA

A conceção do sistema do projeto envolve várias etapas tomadas por iniciativa da conceção do sistema. Esta parte do documento inclui principalmente diagramas como o caso de utilização, o cenário de caso de utilização, o diagrama de Ghantt, o diagrama de classes e o diagrama entidade-relacionamento.

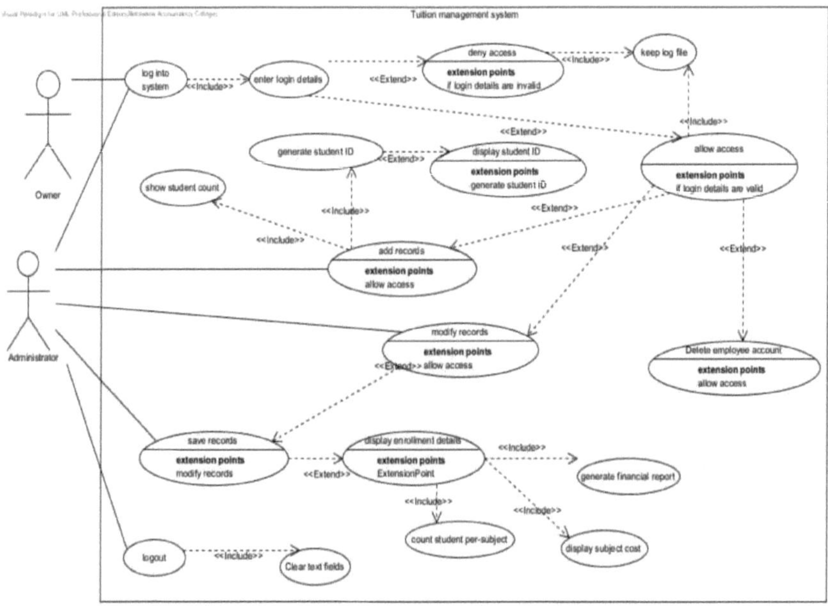

Figura 3.1: Diagrama de casos de utilização

A imagem acima, designada por figura 3.1, é um diagrama de casos de utilização que constitui as fases de construção do sistema a modelizar. O diagrama de casos de utilização mostra casos de utilização com notas que explicam o que está a acontecer dentro e entre as associações de casos de utilização. Por exemplo, a primeira nota explica a associação entre casos de utilização que permitem e que negam o acesso de acordo com os dados de início de sessão introduzidos. Depois de introduzir os dados de início de sessão, o sistema limpa os campos de texto, como indicado no diagrama. O diagrama também mostra que, depois de o utilizador (administrador) iniciar sessão, existem várias funcionalidades, tais como adicionar ou modificar registos, o sistema mostra a contagem de alunos e, quando são adicionados novos registos, o sistema gera IDs de alunos. O diagrama acima mostra também um ficheiro de registo que o sistema terá depois de todos os dados de início de sessão introduzidos, quer sejam válidos ou inválidos. Os pontos de extensão, tais como guardar registos e visualizar os detalhes da inscrição, também são destacados, uma vez que o utilizador tem a opção de guardar registos depois de os modificar, o utilizador também tem a opção de visualizar os detalhes da inscrição e gerar um relatório financeiro, visualizar o custo da disciplina (que é automaticamente apresentado pelo sistema) ou visualizar a contagem de alunos por disciplina.

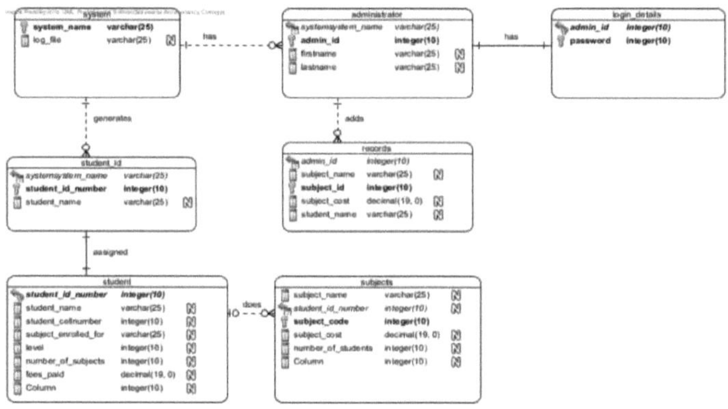

Figura 3.2: Diagrama Entidade-Relação

O diagrama acima é um Diagrama Entidade-Relacionamento (ERD). Este diagrama mostra as entidades que existem no sistema e como se relacionam entre si. As entidades são: sistema, administrador, registos, ID do aluno, aluno e disciplinas. A relação entre o sistema e o administrador é uma relação de um para muitos. O sistema tem dois administradores. Um administrador tem controlo sobre o sistema, pode acrescentar e também apagar contas administrativas, enquanto o outro administrador está limitado apenas às contas dos alunos. Um administrador pode adicionar muitos registos para diferentes alunos. A relação entre um administrador e os registos é designada por relação um-para-muitos. O sistema atribui a cada aluno um ID de aluno único. A entidade estudante relaciona-se com o ID do estudante através de uma relação de um para um. O aluno pode optar por fazer várias disciplinas.

O diagrama da figura 3.2 é um diagrama de classes. O diagrama de classes mostra ou representa as classes que compõem o sistema, os seus atributos e propriedades (o seu tipo). As classes apresentadas no diagrama de classes acima são: conta do aluno, administrador, disciplina/módulo, aluno, sistema e ficheiro de registo. Os atributos associados às classes são o que cada classe implica e o tipo de atributo, como cadeia de caracteres, numérico, booleano e simples. As classes são unidas por setas que mostram uma associação, conhecida como relação, entre cada classe e a outra e cada associação é rotulada quanto ao que representa. As associações utilizadas no diagrama de classes são a composição e a agregação. Com uma associação de agregação, as classes dependem de outras, mas não totalmente, em comparação com uma associação de agregação.

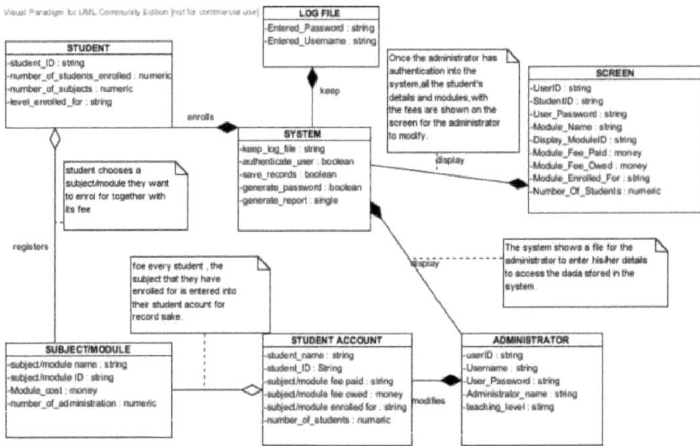

Figura 3.3: Diagrama de classes

associação de composição em que a existência de outra classe depende da existência de outra. A partir das associações são apresentadas notas que explicam o que está a acontecer, citando como exemplo a associação entre a classe administrador e o sistema, as notas explicam que o sistema apresenta um ficheiro para que o administrador introduza os seus dados para aceder aos dados armazenados no sistema.

Capítulo 4

<u>IMPLEMENTAÇÃO</u>

4.1   LÓGICA DO SISTEMA

A aplicação é lançada. Após o lançamento, o utilizador pode escolher entre duas opções: o proprietário e o administrador. Qualquer que seja a opção selecionada, o utilizador terá de fornecer os seus dados de início de sessão e executar qualquer tarefa para a qual esteja autorizado. Por exemplo, o proprietário pode adicionar, eliminar e editar contas de utilizador, enquanto o administrador só está autorizado a adicionar e editar registos. Os detalhes de início de sessão do proprietário e do administrador são guardados num ficheiro de registo. Se os detalhes forem inválidos, o acesso será negado e, se forem válidos, o utilizador poderá ter acesso ao sistema. Quando o utilizador acede ao sistema, pode adicionar registos de alunos. O sistema atribui então a cada aluno uma identificação de aluno e mostra a contagem dos alunos que são admitidos no centro todos os meses. Depois de os registos dos alunos serem guardados, o sistema produzirá pormenores sobre as matrículas, um relatório financeiro mensal e mostrará também o número de alunos por disciplina e a disciplina que tem o maior número de alunos inscritos. Embora os registos dos alunos sejam guardados, também podem ser editados ou eliminados.

4.2   LISTAGEM DE CÓDIGOS

```
1  Sub add_subjects()
2  If CheckBox1.Checked = True Or CheckBox2.Checked = True
   Or CheckBox3.Checked = True Or CheckBox4.Checked = True _
3  Or CheckBox5.Checked = True Or CheckBox6.Checked = True
   Or CheckBox7.Checked = True Or CheckBox8.Checked = True Then
4      If CheckBox1.Checked = True Then
5          With obj_com
6          .CommandText = "Insert into maths (name, cis, study_level)
           VALUES ('" & TextBox1.Text & "', '" & stud_num & "', '"
           & ComboBox2.Text & "')"
7              .Connection = obj_conc
8              .ExecuteNonQuery()
9          End With
10     MsgBox("Record Saved Successfully to Maths",
       MsgBoxStyle.Information)
11         End If
```

```vbnet
12      If CheckBox2.Checked = True Then
13       With obj_com
14       .CommandText = "Insert into physics (name, cis, study_level) VALUES ('" &
        _TextBox1.Text & "', '" & stud_num & "', '" & ComboBox2.Text & "')"
15        .Connection = obj_conc
16        .ExecuteNonQuery()
17       End With

18       MsgBox("Record Saved Successfully to Physics", MsgBoxStyle.Information)
19       End If
20       If CheckBox3.Checked = True Then
21       With obj_com
22      .CommandText = "Insert into chemistry (name, cis, study_level) VALUES ('" &
        _TextBox1.Text & "', '" & stud_num & "', '" & ComboBox2.Text & "')"
23          .Connection = obj_conc
24          .ExecuteNonQuery()
25       End With
26       MsgBox("Record Saved Successfully to Chemistry", MsgBoxStyle.Information)
27       End If
28       If CheckBox4.Checked = True Then
29       With obj_com
30       .CommandText = "Insert into com_studies (name, cis, study_level) VALUES ('"
        _& TextBox1.Text & "', '" & stud_num & "', '" & ComboBox2.Text & "')"
31       .Connection = obj_conc
32       .ExecuteNonQuery()
33       End With
34  MsgBox("Record Saved Successfully to Computer Studies", MsgBoxStyle.Information)
35       End If
36       If CheckBox5.Checked = True Then
37       With obj_com
38       .CommandText = "Insert into english (name, cis, study_level) VALUES ('" &
        _TextBox1.Text & "', '" & stud_num & "', '" & ComboBox2.Text & "')"
39          .Connection = obj_conc
40          .ExecuteNonQuery()
41       End With
42       MsgBox("Record Saved Successfully to English", MsgBoxStyle.Information)
43       End If
44       If CheckBox6.Checked = True Then
45       With obj_com
46       .CommandText = "Insert into commerce (name, cis, study_level) VALUES ('" &
        _TextBox1.Text & "', '" & stud_num & "', '" & ComboBox2.Text & "')"
47          .Connection = obj_conc
48          .ExecuteNonQuery()
49       End With
50       MsgBox("Record Saved Successfully to Commerce", MsgBoxStyle.Information)
51       End If
52       If CheckBox7.Checked = True Then
53       With obj_com
54       .CommandText = "Insert into PE (name, cis, study_level) VALUES ('" &
        _TextBox1.Text & "', '" & stud_num & "', '" & ComboBox2.Text & "')"
55          .Connection = obj_conc
56          .ExecuteNonQuery()
57       End With
58           MsgBox("Record Saved Successfully to PE", MsgBoxStyle.Information)
59       End If
60       If CheckBox8.Checked = True Then
61       With obj_com
62       .CommandText = "Insert into biz_studies (name, cis, study_level) VALUES
        _('" & TextBox1.Text & "', '" & stud_num & "', '" & ComboBox2.Text & "')"
63       .Connection = obj_conc
64       .ExecuteNonQuery()
65       End With
66  MsgBox("Record Saved Successfully to Business Studies", MsgBoxStyle.Information)
67           End If
68       End If
69       End Sub
70
```

Listagem 4.1Registo dos estudantes

O método acima é utilizado para adicionar temas à base de dados. As variáveis foram declaradas para serem utilizadas no método após a adição das caixas de texto e das caixas combinadas na vista de projeto. Para além disso, as caixas de mensagens também mostram os erros que possam ter ocorrido ou o sucesso na execução dos eventos.

```vbnet
1   Sub gen_studnum()
2     Try
3     If TextBox5.Text.Length > 3 And TextBox1.Text.Length > 2 And
      _TextBox2.Text.Length > 2 Then
4         Dim password As String
5         Dim id As String = TextBox5.Text
6         Dim name As String = TextBox1.Text
7         Dim sur_name As String = TextBox2.Text
8         Dim id_sub As String
9         Dim name_sub As String
10        Dim surname_sub As String
11        Dim date_sub As String
12        Dim date_ As String
13        date_ = DateTimePicker1.Text
14        date_sub = date_.Substring(6, 2)
15        id_sub = id.Substring(0, 2)
16        name_sub = name.Substring(0, 2)
17        surname_sub = sur_name.Substring(0, 2)
18        password = id_sub & name_sub & sur_name & date_sub
19        stud_num = "CIS-" & password
20        MsgBox(stud_num)
21    Else
22        If TextBox5.Text.Length < 3 Then
23        MsgBox("Ensure that your ID has more than 3 characters")
24        Else
25         If TextBox1.Text.Length < 2 Or TextBox2.Text.Length Then
26         MsgBox("Ensure that your Name and Surname has atleast 2 characters")
27         End If
28        End If
29    End If
30        Catch
31    MsgBox("Sorry an error has occurred contact manufacture",
      _MsgBoxStyle.Exclamation)
32        End Try
33     End Sub
```

Listagem 4.2: REGISTO DE ALUNOS

O método acima é utilizado para gerar o número de estudante, o estudante é gerado a partir da combinação dos caracteres "CIS" e da palavra-passe (composta por dois dígitos de identificação, dois caracteres de nome, dois caracteres de apelido e a data de inscrição).

```vbnet
1    Sub save_details()
2    If TextBox1.Text <> "" And TextBox2.Text <> "" And ComboBox2.Text <> ""
     _And TextBox4.Text <> "" And TextBox5.Text <>"" And ComboBox3.Text <>_
3    "" And ComboBox1.Text <> "" And TextBox5.Text.Length > 3 And
     _TextBox1.Text.Length > 2 And TextBox2.Text.Length > 2 Then
4
5    With obj_com
6    .CommandText = "INSERT INTO reg_details (name_, surname, study_level, contact,
7    id, num_of_subjects, gurdian_contact, gender, date_, stud_num) VALUES ('"
     & TextBox1.Text & "','" & TextBox2.Text & "','" & ComboBox2.Text & "','" _
     & TextBox4.Text & "','" & TextBox5.Text & "'," & _
```

```
8   ComboBox1.Text & ",'" & TextBox6.Text & "','" & ComboBox3.Text & "','" &
    _DateTimePicker1.Text & "','" & stud_num & "')"
9             .ExecuteNonQuery()
10            MsgBox("Request recorded successfully", MsgBoxStyle.Information)
11        End With
12    Else
13  If TextBox1.Text = "" Or TextBox2.Text = "" Or ComboBox2.Text = "" Or
    _TextBox4.Text = "" Or TextBox5.Text = "" Or ComboBox1.Text = "" _
14    Or TextBox6.Text = "" Or ComboBox3.Text = "" Then
15      MsgBox("Please fill in all details", MsgBoxStyle.Information)
16    End If
17  End If
18        'MsgBox("An error has occured", MsgBoxStyle.Critical)
19  End Sub
```

Listagem 4.3: REGISTO DE ALUNOS

Todos os métodos criados são referenciados nos botões para execução.

```
1  Private Sub Button1_Click(sender As Object, e As EventArgs) Handles Button1.Click
2     Dim uname As String = TextBox1.Text.Trim()
3      Dim pass As String = TextBox2.Text.Trim()
4        If TextBox1.Text <> "" And TextBox2.Text <> "" Then
5          Try
6              login()
7  Dim count = dataset.Tables(0).Rows.Count
8  If count > 0 And TextBox1.Text <> "Admin93" Then
9          Select_Operation.Show()
10          Me.Hide()
11      Else
12  If count > 0 And TextBox1.Text = "Admin93" And TextBox2.Text = "123456" Then
13            Configurations.Show()
14            Me.Hide()
15        Else
16            logerror()
17        End If
18      End If
19  Catch
20  MsgBox("An error has ocurred, check your fields and connection", MsgBoxStyle.Critical)
21  End Try
22        Else
23
24      If TextBox1.Text = "" And TextBox2.Text = "" Then
25        MsgBox("Please insert your login details", MsgBoxStyle.Information)
26      Else
27        If TextBox1.Text = "" Then
28            MsgBox("Please enter you username", MsgBoxStyle.Information)
29        Else
30          If TextBox2.Text = "" Then
31              MsgBox("Please enter your password", MsgBoxStyle.Information)
32          End If
33        End If
34      End If
35    End If
36    End Sub
37
38  Sub login()
39  obj_com.CommandText = "Select * From accounts Where username = '" &
    _TextBox1.Text & "'AND password_ ='" & TextBox2.Text & "';"

40  obj_com.Connection = obj_conc
41  obj_adapter.SelectCommand = obj_com
42
```

```
43   obj_adapter.Fill(dataset, "accounts")
44   End Sub
45   Sub logerror()
46   'Dim text_ As String
47   MsgBox("Error in Loging, Please check your username and password",
48   _MsgBoxStyle.Critical)
49   path_ = "C:\Users\Lucky\Documents\Text_Files\tuition_log\error.txt"
50   If System.IO.File.Exists(path_) = True Then
51   Dim writer As New StreamWriter(path_, True)
52   'text_ = TextBox1.Text & TextBox2.Text & Date.Now
53   writer.WriteLine(("Username:'" & TextBox1.Text & "'_ Of Password:" &
54   _TextBox2.Text & "_ Tried login at:" & Date.Now))
55   writer.Close()
56   TextBox2.Clear()
57   Else
58   MsgBox("Log file missing")
59   End If
60   End Sub
```

Listagem 4.4: LOGIN

```
1  Private Sub Finance_Load(sender As Object, e As EventArgs) Handles MyBase.Load
2  If obj_conc.State = ConnectionState.Closed Then
3  obj_conc.ConnectionString = ("Data Source=.\SQLEXPRESS;Initial Catalog=tuition;_
   Integrated Security=True")
4     obj_com.Connection = obj_conc
5     obj_conc.Open()
6        Else
7      MsgBox("System Ready", MsgBoxStyle.Information)
8         End If
9         TextBox1.Text = fee
10        TextBox1.Enabled = False
11        TextBox3.Enabled = False
12        Button1.Enabled = False
13        TextBox4.Enabled = False
14        TextBox4.Text = stud_id
15     End Sub
16  Private Sub Button2_Click(sender As Object, e As EventArgs) Handles Button2.Click
17        If TextBox2.Text <> "" And IsNumeric(TextBox2.Text) Then
18            Button1.Enabled = True
19            TextBox2.Enabled = False
20            TextBox3.Text = TextBox1.Text - TextBox2.Text
21        Else
22            If IsNumeric(TextBox2.Text) = False Then
23                MsgBox("Fee can not be a non-numeric figure")
24            Else
25                If TextBox2.Text = "" Then
26  MsgBox("Please insert a fee to be paid, If the student is not paying_
    anything indicate fee as 0")
27  End If
28  End If
29  End If
30 End Sub
31 Private Sub Button3_Click(sender As Object, e As EventArgs) Handles Button3.Click
32 Me.Close()
33 index.Close()
34 Select_Operation.Show()
35 End Sub
36 Private Sub Button1_Click(sender As Object, e As EventArgs) Handles Button1.Click
37 With obj_com
38
39 .CommandText = "Insert into finances (cis, amount, fee_, balance_) VALUES_
   ('" & TextBox4.Text & "', '" & TextBox2.Text & "', '" & TextBox1.Text & _
40 "', '" & TextBox3.Text & "') "
41 .Connection = obj_conc
42 .ExecuteNonQuery()
43  End With
44 MsgBox("Record Saved Successfully", MsgBoxStyle.Information)
45 End Sub
```

Listagem 4.5: FINANÇAS

```
1 Private Sub Button1_Click(sender As Object, e As EventArgs) Handles Button1.Click
2 If TextBox1.Text <> "" And TextBox2.Text <> "" And ComboBox1.Text <> ""
  _And TextBox3.Text <> "" And TextBox4.Text <> "" And ComboBox2.Text <> ""
3  And ComboBox2.Text <> "" And ComboBox3.Text <> "" Then
4 Dim sqlcomand As String = "Update reg_details set name_ = '" & TextBox1.Text & "', surname='" _
5 & TextBox2.Text & "', study_level=" & ComboBox1.Text & ", contact ='" &
  _TextBox3.Text & "', id ='" & TextBox4.Text & "', num_of_subjects = " & _
6  ComboBox2.Text & ", gurdian_contact = '" & TextBox5.Text & "', gender = '" _
7 & ComboBox3.Text & "', date_ = '" & DateTimePicker1.Text & "' where stud_num ='" _
8    & TextBox6.Text & "'"
9     With obj_com
10       .CommandText = sqlcomand
11         .Connection = obj_conc
12           .ExecuteNonQuery()
13         End With
14       MsgBox("Record updated Successfully", MsgBoxStyle.Information)
15       Me.Close()
16       Dispose()
17       students_list.load_students()
18     Else
19 MsgBox("Invalid details please check your inputs or contact adminstrator", MsgBoxStyle.Exclamation)
20       End If
21     End Sub
```

Listagem 4.6: EDITAR

```
1  If obj_conc.State = ConnectionState.Closed Then
2  obj_conc.ConnectionString =
3  ("Data Source=.\SQLEXPRESS;Initial Catalog=tuition;Integrated Security=True")
4  obj_conc.Open()
```

Listagem 4.7: Cadeia de caracteres de ligação

A cadeia de ligação é utilizada para ligar à base de dados em todos os formulários que requerem informações da base de dados ou a escrita na base de dados.

```
1 Public Sub load_accounts() ' this sub is not complete and it has errors
2      Dim tbl_accounts As New DataTable
3      Dim i As Integer
4      With obj_com
5         .CommandText = "Select * From accounts"
6         .Connection = obj_conc
7      End With
8      With obj_adapter
9         .SelectCommand = obj_com
10        .Fill(tbl_accounts)
11     End With
12 accounts_view.Items.Clear() 'Avoids saving duplicate data through the text boxes

13      For i = 0 To tbl_accounts.Rows.Count - 1
14         With accounts_view
15            .Items.Add(tbl_accounts.Rows(i)("username"))
16            With .Items(.Items.Count - 1).SubItems
17               .Add(tbl_accounts.Rows(i)("password_"))
18            End With
19         End With
20      Next
21   End Sub
```

Listagem 4.8: CARREGAR DETALHES DA CONTA NA JANELA DE CONFIGURAÇÃO

O método acima carrega os detalhes da conta na janela de configuração.

```
1  Sub delete_acc()
2      If index = Nothing Then
3          MsgBox("Please select record to delete", MsgBoxStyle.Information)
4      Else
5  Dim sqlcom As String = "Delete From accounts where username ='" & index & "'"
6  Dim obj_com As New SqlClient.SqlCommand
7  Dim obj_adapter As New SqlClient.SqlDataAdapter
8  Dim tbl_accounts As New DataTable
9
10     With obj_com
11         .CommandText = sqlcom
12         .Connection = obj_conc
13     End With
14  With obj_adapter 'used with method to avoid rewritting adapter object and defining its aspects
15         .SelectCommand = obj_com
16         .Fill(tbl_accounts)
17     End With
18     MsgBox("User deleted successfully", MsgBoxStyle.Information)
19     load_accounts()
20   End If
21    End Sub
22
```

Listagem 4.9: APAGAMENTO DE DETALHES DA CONTA NA JANELA DE CONFIGURAÇÃO

O método acima é utilizado para eliminar os detalhes da conta na janela de configurações pelo proprietário do sistema.

```
1  Private Sub Button4_Click(sender As Object, e As EventArgs) Handles Button4.Click
2  If index = Nothing Then
3      MsgBox("Please select record to edit", MsgBoxStyle.Information)
4  Else
5  If index <> "" Then
6  Dim sqlcom As String = "Select username, password_ From accounts where
7  _username='" & accounts_view.SelectedItems(0).Text & "'"
8  Dim obj_com As New SqlClient.SqlCommand
9  Dim obj_adapter As New SqlClient.SqlDataAdapter
10 Dim tbl_accounts As New DataTable
11 With obj_com
12     .CommandText = sqlcom
13     .Connection = obj_conc
14 End With
15 With obj_adapter
16
17         .SelectCommand = obj_com
18         .Fill(tbl_accounts)
19     End With
20
21     edit_accounts.username = accounts_view.SelectedItems(0).Text
22     edit_accounts.password_ = tbl_accounts.Rows(0)("password_")
23     edit_accounts.ShowDialog()
24   End If
25   End If
26   End Sub
```

Listagem 4.10: EDIÇÃO DE DETALHES DA CONTA NA JANELA DE CONFIGURAÇÃO

O método acima é executado para editar os detalhes do registo de conta a partir da janela de configuração.

```
1    Public  Sub  search()
2    Dim  tbl_accounts  As  New  DataTable
3    Dim  i  As  Integer
4    With  obj_com
5    .CommandText = " SELECT * From  accounts  Where  username = '" & TextBox1.Text & "'"
6        .Connection  =  obj_conc
7        .ExecuteNonQuery()
8    End  With
9
10   'separate
11   With  obj_adapter
12       .SelectCommand  =  obj_com
13       .Fill(tbl_accounts)
14   End  With
15   accounts_view.Items.Clear() 'Avoids saving duplicate data through the text boxes
16   For  i = 0 To  tbl_accounts.Rows.Count  - 1
17       With  accounts_view
18           .Items.Add(tbl_accounts.Rows(i)("username"))
19           With .Items(.Items.Count - 1).SubItems
20               .Add(tbl_accounts.Rows(i)("password_"))
21           End  With
22       End  With
23   Next
24   TextBox1.Clear
25       End  Sub
```

Listagem 4.11: PESQUISA DE DETALHES ESPECÍFICOS DA CONTA NA JANELA DE CONFIGURAÇÃO

```
1 Private  Sub  Button1_Click(sender As Object, e As EventArgs) Handles Button1.Click
2 If TextBox1.Text <> "" And TextBox2.Text <> "" And TextBox3.Text <> ""
3  _And TextBox2.Text = TextBox3.Text Then
4    With obj_com
5 .CommandText = "Insert into accounts(username, password_) VALUES
  _('" & TextBox1.Text & "', '" & TextBox2.Text & "')"
6     .Connection = obj_conc
7     .ExecuteNonQuery()
8     End  With
9     MsgBox("Record Saved Successfully", MsgBoxStyle.Information)
10    Dispose() 'loads all the data again from the main form (facilities)
11    Close()
12  Configurations.load_accounts()
13   Else
14  If TextBox2.Text <> TextBox3.Text Then
15  MsgBox("Password Error, Please ensure that your password confirmation is
   _the same as the new password", MsgBoxStyle.Exclamation)
16    Else
17  If TextBox1.Text = "" Or TextBox2.Text = "" Or TextBox3.Text = "" Then
18      MsgBox("Please fill in all the details")
19      End  If
20      End  If
21      End  If
22      Configurations.index = ""
23    End  Sub
```

Listagem 4.12: ADICIONAR NOVOS DETALHES DA CONTA NA JANELA DE CONFIGURAÇÃO

O método acima é utilizado para adicionar novas contas à base de dados para novos administradores.

```vbnet
1  Public Sub load_students()
2        Dim tbl_students As New DataTable
3        Dim i As Integer
4        With obj_com
5           .CommandText = "Select * From reg_details"
6           .Connection = obj_conc
7        End With
8        With obj_adapter
9           .SelectCommand = obj_com
10          .Fill(tbl_students)
11       End With
12     stud_view.Items.Clear() 'Avoids saving duplicate data through the text boxes
13     For i = 0 To tbl_students.Rows.Count - 1
14          With stud_view
15             .Items.Add(tbl_students.Rows(i)("stud_num"))
16             With .Items(.Items.Count - 1).SubItems
17                .Add(tbl_students.Rows(i)("name_"))
18                .Add(tbl_students.Rows(i)("surname"))
19                .Add(tbl_students.Rows(i)("study_level"))
20                .Add(tbl_students.Rows(i)("contact"))
21                .Add(tbl_students.Rows(i)("id"))
22                .Add(tbl_students.Rows(i)("num_of_subjects"))
23                .Add(tbl_students.Rows(i)("gurdian_contact"))
24                .Add(tbl_students.Rows(i)("gender"))
25                .Add(tbl_students.Rows(i)("date_"))
26             End With
27          End With
28       Next
29    End Sub
30  Private Sub Button5_Click(sender As Object, e As EventArgs) Handles Button5.Click
31  Dim tbl_students As New DataTable
32  Dim i As Integer
33  With obj_com
34  .CommandText = " SELECT * From reg_details Where stud_num = '" & TextBox1.Text & "'"
35  .Connection = obj_conc
36  .ExecuteNonQuery()
37
38  End With
39  With obj_adapter
40  .SelectCommand = obj_com
41  .Fill(tbl_students)
42  End With
```

```vb
43  stud_view.Items.Clear() 'Avoids saving duplicate data through the text boxes
44     For i = 0 To tbl_students.Rows.Count - 1
45        With stud_view
46           .Items.Add(tbl_students.Rows(i)("stud_num"))
47           With .Items(.Items.Count - 1).SubItems
48              .Add(tbl_students.Rows(i)("name_"))
49              .Add(tbl_students.Rows(i)("surname"))
50              .Add(tbl_students.Rows(i)("study_level"))
51              .Add(tbl_students.Rows(i)("contact"))
52              .Add(tbl_students.Rows(i)("id"))
53              .Add(tbl_students.Rows(i)("num_of_subjects"))
54              .Add(tbl_students.Rows(i)("gurdian_contact"))
55              .Add(tbl_students.Rows(i)("gender"))
56              .Add(tbl_students.Rows(i)("date_"))
57           End With
58        End With
59     Next
60  End Sub
61
62  Private Sub Button1_Click(sender As Object, e As EventArgs) Handles Button1.Click
63  If index = Nothing Then
64     MsgBox("Please select record to edit", MsgBoxStyle.Information)
65  Else
66  If index <> "" Then
67  Dim sqlcom As String = "Select * From reg_details where stud_num='" &
    stud_view.SelectedItems(0).Text & "'"
68  Dim obj_com As New SqlClient.SqlCommand
69  Dim obj_adapter As New SqlClient.SqlDataAdapter
70  Dim tbl_details As New DataTable
71
72  With obj_com
73     .CommandText = sqlcom
74     .Connection = obj_conc
75  End With
76  With obj_adapter
77     .SelectCommand = obj_com
78     .Fill(tbl_details)
79  End With
80  edit_details.stud_num_ = stud_view.SelectedItems(0).Text
81  edit_details.fname = tbl_details.Rows(0)("name_")
82  edit_details.surname_ = tbl_details.Rows(0)("surname")
83  edit_details.level_ = tbl_details.Rows(0)("study_level")
84  edit_details.contact_ = tbl_details.Rows(0)("contact")
85  edit_details.id_ = tbl_details.Rows(0)("id")
86  edit_details.num_of_subjects_ = tbl_details.Rows(0)("num_of_subjects")
87  edit_details.gurdian_contact_ = tbl_details.Rows(0)("gurdian_contact")
88  edit_details.gender_ = tbl_details.Rows(0)("gender")
89  edit_details.ShowDialog()
90  End If
91  End If
92     End Sub
```

Listagem 4.13: ADICIONAR, EDITAR E CARREGAR DADOS DOS ALUNOS NA BASE DE DADOS

Os métodos acima indicados são utilizados no formulário de lista de alunos para editar, listar, adicionar e atualizar a tabela da base de dados que contém os dados de registo dos alunos.

```
1   create database tuition
```

```sql
2   create table accounts(
3   username varchar(100) primary key,
4   password_ varchar(100),
5   )
6   insert into accounts values ('Admin93', '123456')
7   insert into accounts values ('user1', 'slim93')
8
9   create table maths(
10  name varchar(100),
11  cis varchar(100) primary key,
12  study_level varchar(100),
13  )
14
15  create table physics(
16  name varchar(100),
17  cis varchar(100) primary key,
18  study_level varchar(100),
19  )
20
21  create table chemistry(
22  name varchar(100),
23  cis varchar(100) primary key,
24  study_level varchar(100),
25  )
26
27
28  create table english(
29  name varchar(100),
30  cis varchar(100) primary key,
31  study_level varchar(100),
32  )
33
34
35  create table com_studies(
36  name varchar(100),
37  cis varchar(100) primary key,
38  study_level varchar(100),
39  )
40
41  create table commerce(
42  name varchar(100),
43  cis varchar(100) primary key,
44  study_level varchar(100),
45  )
46
47  create table PE(
48  name varchar(100),
49  cis varchar(100) primary key,
50  study_level varchar(100),
51  )
52
53  create table biz_studies(
54  name varchar(100),
55  cis varchar(100) primary key,
56  study_level varchar(100),
57  )
58
```

```sql
61
62 create table reg_details(
63 name_ varchar(100),
64 surname varchar(100),
65 study_level varchar(100),
66 contact varchar(100),
67 id varchar(100) primary key,
68 num_of_subjects int,
69 gurdian_contact varchar(100),
70 gender varchar(100),
71 date_ varchar(100),
72 stud_num varchar(100) constraint unq_id Unique,
73 )
74
75 create table finances(
76 cis varchar(100) primary key,
77 amount money,
78 fee_ money,
79 balance_ money,
80 )
81
82 insert into reg_details values ('sly', 'rams', '3', '34253fd',
83 '43243', 5, '232432', 'male', '2343423', 'ewwqd')
```

Listagem 4.14: CRIAÇÃO DE BASE DE DADOS E TABELA

<h1 style="text-align:center">Capítulo 5</h1>

ENSAIOS E DEBATES

5.1 ENSAIOS E DEBATES SOBRE O SISTEMA

5.1.1 TESTE DE REQUISITOS DE INÍCIO DE SESSÃO

A criação da interface de início de sessão decorreu sem qualquer dificuldade, pois é de fácil utilização. O ecrã de início de sessão inclui duas secções para um administrador, que tem de introduzir o nome de utilizador e a palavra-passe para aceder ao sistema. A captura de ecrã abaixo mostra as secções em questão, ou seja, os campos do nome de utilizador e da palavra-passe.

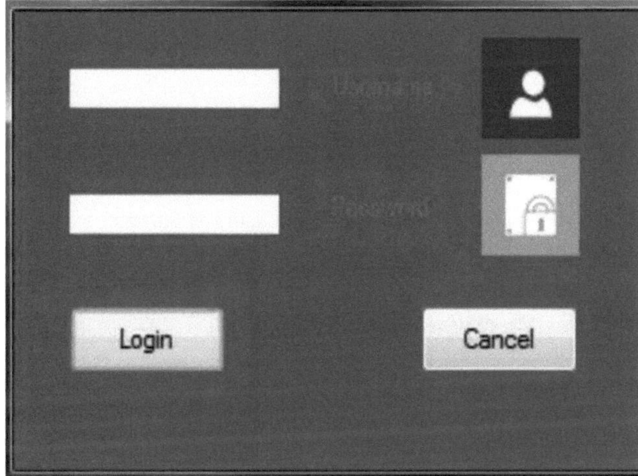

Figura 5.1: Campos de nome de utilizador e palavra-passe

Se o utilizador introduzir o nome de utilizador e a palavra-passe incorrectos, será alertado e não poderá avançar. Esta implementação surgiu para impedir o acesso não autorizado ao sistema por parte de um utilizador não autenticado, isto é, para um administrador. A palavra-passe não é gerada automaticamente pelo sistema a partir da informação fornecida pelo utilizador. Como proprietário do centro de ensino.

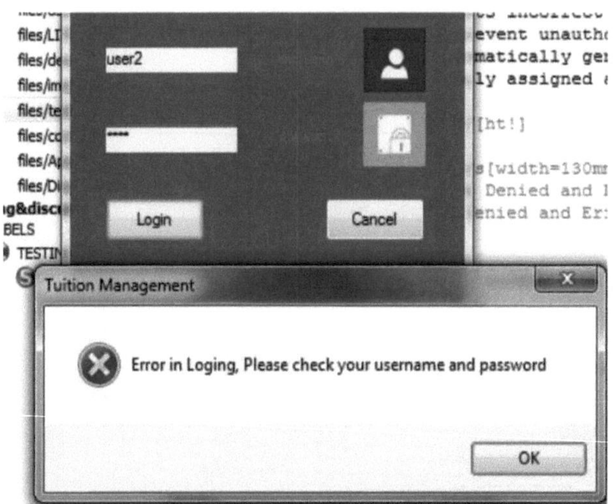

Figura 5.2: Acesso negado e mensagem de erro

O proprietário do sistema recebe automaticamente um nome de utilizador como ADMIN93 e tem apenas uma opção de campo apresentada no ecrã, como mostra a captura de ecrã abaixo, o campo da palavra-passe.

Segue-se uma captura de ecrã que mostra que foi concedido acesso a um utilizador devido ao nome de utilizador ou à palavra-passe corretos.

Depois de um administrador iniciar sessão com êxito, tem duas opções para escolher, conforme apresentado na captura de ecrã que se segue. Um administrador pode optar por registar alunos ou ver uma lista de alunos registados.

5.1.2 Registo de estudantes

Esta secção dos estados descreve o processo de registo dos alunos, apoiado por capturas de ecrã que se seguem.

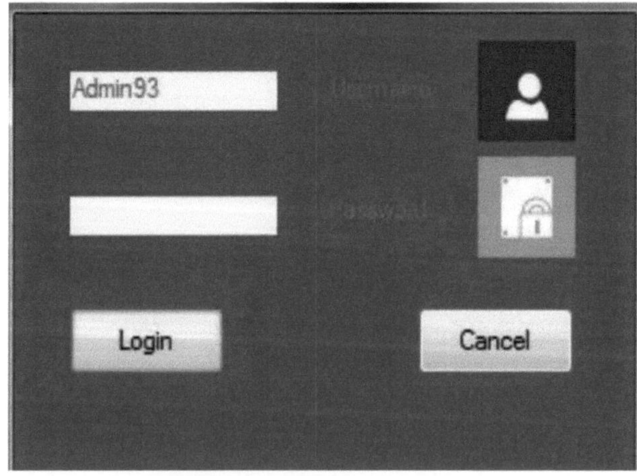

Figura 5.3: Interface do proprietário do sistema

26

Figura 5.4: Acesso concedido

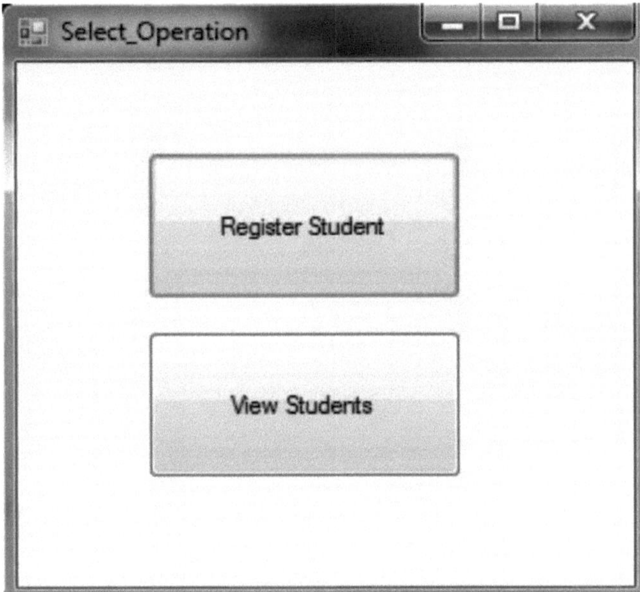

Figura 5.5: Painel de escolha do administrador

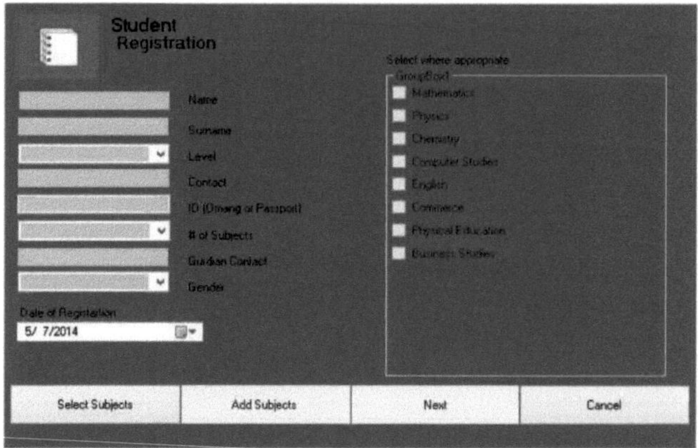

Figura 5.6: Interface de registo de alunos

O formulário de registo do aluno é composto por dez (10) campos de informação: nome, apelido, nível de estudos, número de contacto, ID (Omang/Passaporte), número de disciplinas, contacto do tutor, sexo, data de registo e disciplinas em que se pretende inscrever. Um utilizador não pode avançar para a introdução das disciplinas dos alunos antes de ter introduzido as informações pormenorizadas sobre os alunos nos campos adequados, como mostra a imagem de ecrã abaixo, uma caixa de mensagem avisa o utilizador de que tem de preencher os dados adequadamente.

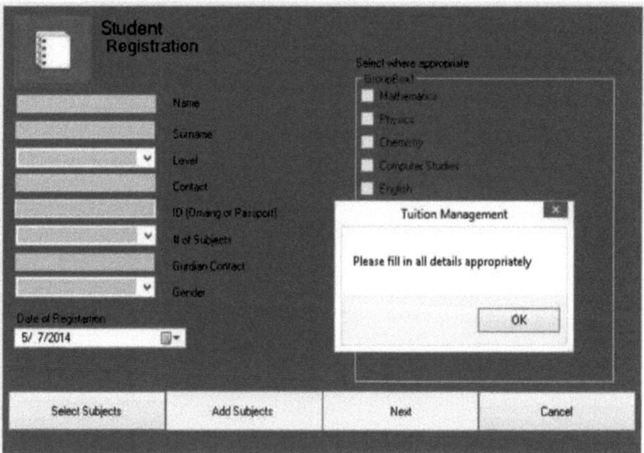

Figura 5.7: Interface de registo de alunos com caixa de mensagem de alerta

O processo de registo está concluído quando todos os campos necessários tiverem sido preenchidos em conformidade. Também representado na captura de ecrã que se segue. Por último, quando o utilizador/administrador adiciona temas, aparece uma caixa de mensagem com o tema adicionado com êxito. A captura de ecrã abaixo mostra a mensagem de sucesso da adição de um tema.

A captura de ecrã abaixo mostra o sucesso da gravação de um registo quando o utilizador pretende avançar para a janela seguinte.

Depois de registar os alunos com êxito, é-lhe atribuído um nome de utilizador e uma palavra-passe gerados automaticamente pelo sistema depois de provar todos os dados necessários para concluir o processo de registo. A imagem de ecrã que se segue mostra a implementação descrita acima e, por baixo da imagem de ecrã, encontra-se outra que mostra a interface do formulário financeiro.

O formulário da interface financeira é composto por quatro (4) campos, sendo que o campo da propina da disciplina tem um valor predefinido gerado a partir do número de disciplinas inscritas e do montante que custa essa disciplina. Um administrador tem de introduzir o montante pago, a identificação do aluno e clicar num botão para ver o saldo não pago, como se mostra nas imagens de ecrã que se seguem.

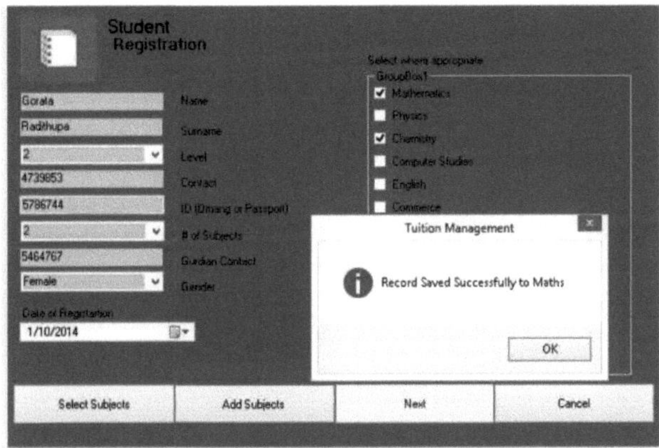

Figura 5.8: Interface de registo de alunos com caixa de mensagem de alerta

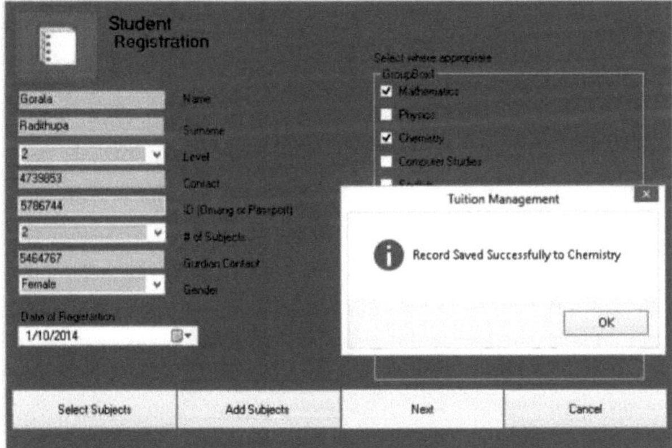

Figura 5.9: Interface de registo de alunos com caixa de mensagem de alerta

Depois de adicionar o montante pago por um aluno, um administrador tem de guardar os detalhes financeiros na base de dados, que serão guardados numa tabela chamada finanças. Segue-se uma captura de ecrã que mostra uma mensagem de sucesso na gravação de um registo.

Um administrador tem a opção de visualizar uma lista de alunos registados apresentada sob a forma de um quadro. A lista mostra todos os campos relativos a cada aluno, ou seja, nome do aluno, apelido, nível, número de disciplinas, contacto, número de contacto do tutor, data de inscrição, sexo, ID

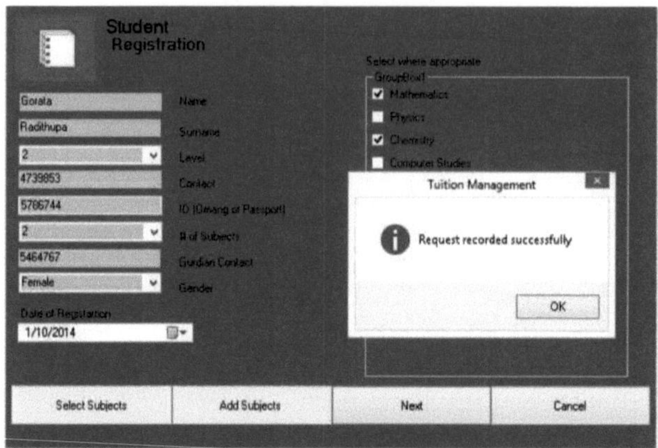

Figura 5.10: Interface de registo de alunos com caixa de mensagem de alerta que mostra o sucesso da gravação de um registo

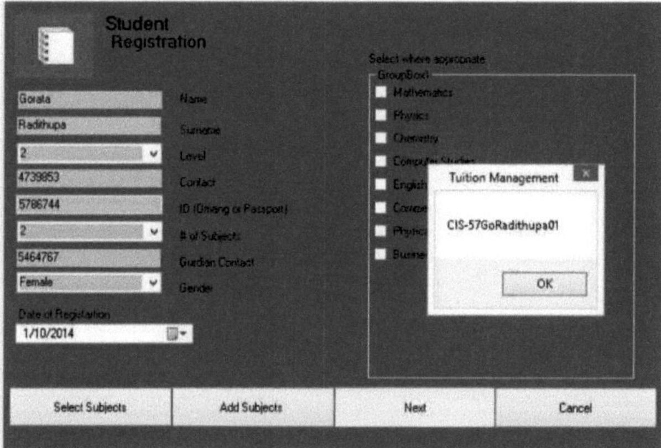

Figura 5.11: Interface de registo de alunos com caixa de mensagem de alerta que mostra a palavra-passe e o número de aluno

número de registo e número de estudante (ID). Ao visualizar a lista de alunos, um administrador pode tomar medidas para editar ou apagar qualquer registo de aluno e até procurar registos de alunos registados. As capturas de ecrã que se seguem mostram a interface da lista de alunos com todas as funções disponíveis que um administrador pode executar.

No painel da lista de alunos, tendo a opção de editar um registo, um administrador tem de

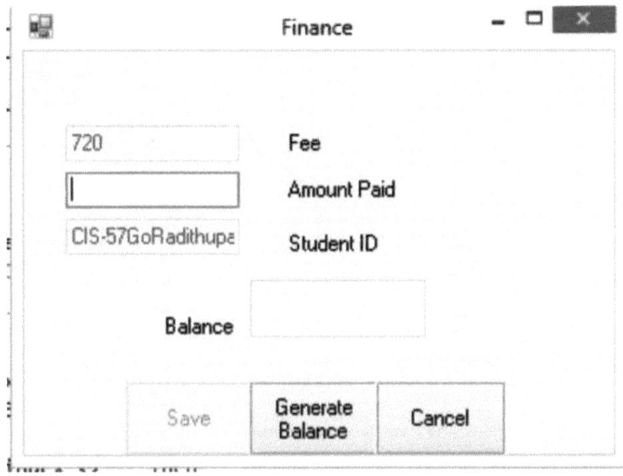

Figura 5.12: Interface do formulário financeiro

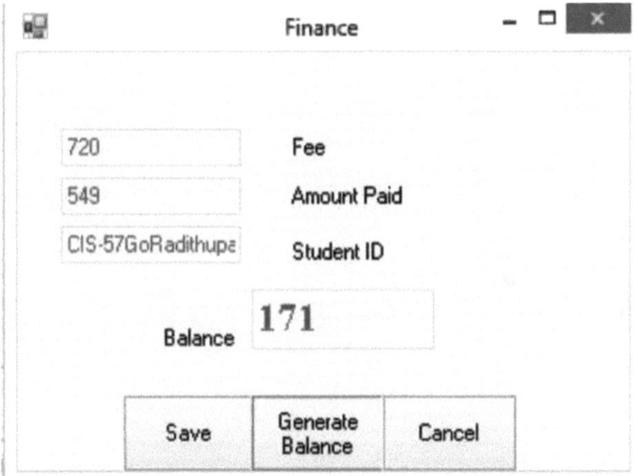

Figura 5.13: Formulário de financiamento com o saldo não pago

selecionar primeiro um registo para o editar. Depois de selecionar um registo para editar, os detalhes do registo serão recuperados da base de dados e apresentados num formulário para que os dados possam ser editados. O formulário recuperado é o apresentado na captura de ecrã com a legenda "formulário de edição de registos de alunos".

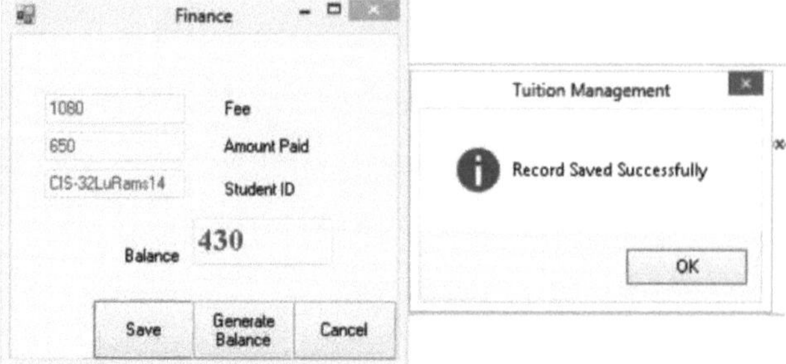

Figura 5.14: Formulário de finanças que mostra um sucesso na gravação de informações na tabela de finanças

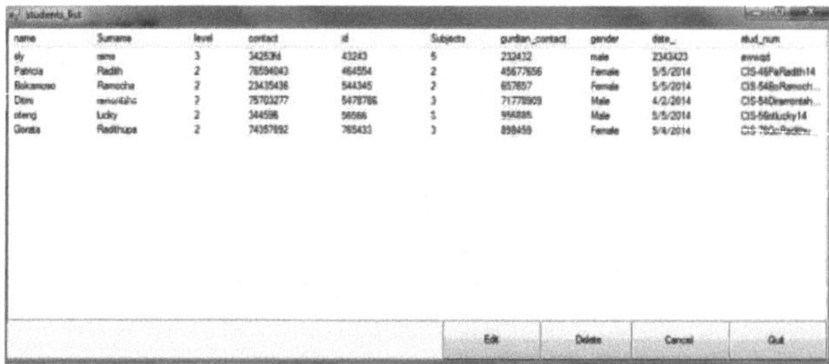

Figura 5.15: Painel de listagem de alunos

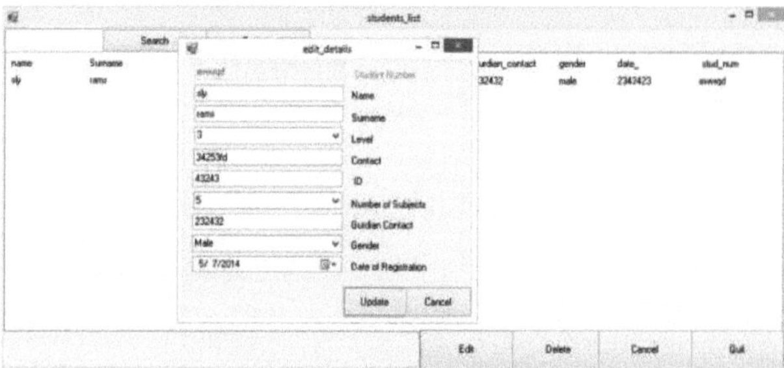

Figura 5.16: Formulário de edição dos registos dos alunos

Ao editar o registo de interesse, um administrador tem de atualizar o registo e aparece uma caixa de mensagem a alertar o utilizador de que o registo foi atualizado com êxito. Também é apresentada uma captura de ecrã com a indicação "Sucesso na atualização de um registo"

Após um início de sessão bem sucedido por parte do proprietário do sistema, é apresentada uma caixa de mensagem que mostra um início de sessão bem sucedido

Figura 5.17: Sucesso na atualização de um registo

aparece com uma janela de configuração por detrás para que o proprietário do sistema possa adicionar ou eliminar contas de utilizadores domésticos (outros administradores).

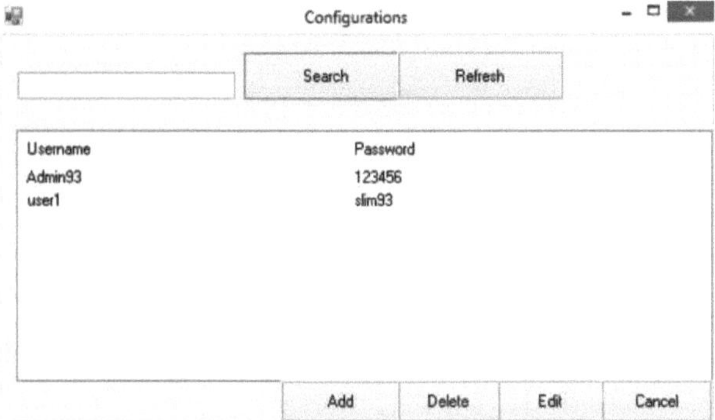

Figure 5.18:   Administrator configuration window with a success login message on top

O proprietário do sistema tem várias opções para escolher, podendo adicionar, editar ou eliminar outras contas no sistema. Esta afirmação é corroborada pelas capturas de ecrã que se seguem.

Mais ou menos da mesma forma que o proprietário do sistema pode adicionar uma nova conta, também pode editar os detalhes da conta existente. O proprietário do sistema também pode procurar uma conta que lhe interesse e na qual pretenda realizar uma ação, quer seja eliminar ou editar. O primeiro passo é selecionar uma conta para editar os detalhes. Se não for selecionada uma conta, aparece uma caixa de mensagem "um utilizador tem de selecionar um registo para editar".

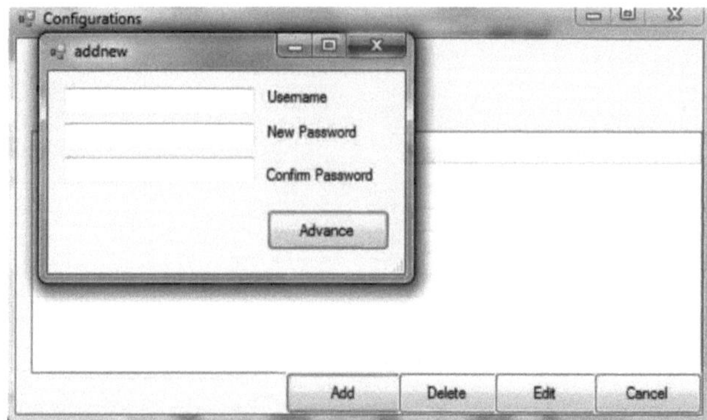

Figura 5.19: Janela de configuração do administrador mostrando onde adicionar uma conta

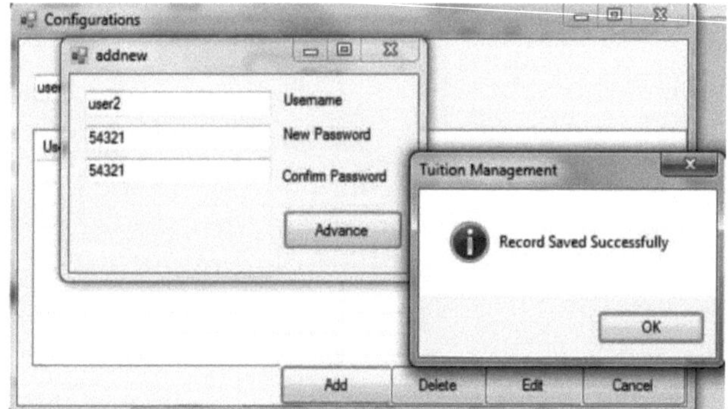

Figura 5.20: Janela de configuração do administrador mostrando o sucesso da adição de uma conta

Depois de selecionar um registo, ao proceder, aparece uma outra janela que mostra o registo selecionado com a palavra-passe e o nome de utilizador dessa conta específica, como se pode ver na captura de ecrã que se segue.

O proprietário do sistema pode, por fim, eliminar uma conta que lhe interesse, mas tem de a selecionar primeiro antes de tentar executá-la. Depois de eliminar a conta, aparece uma mensagem de sucesso, como mostra a imagem do ecrã.

A captura de ecrã abaixo mostra parte da base de dados criada, com os detalhes das contas de administrador adicionados e guardados na base de dados.

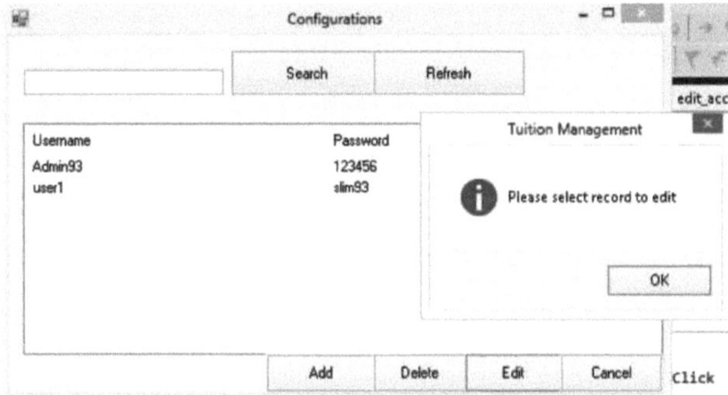

Figura 5.21: Janela de configuração do administrador que mostra que um registo tem de ser selecionado para poder ser editado

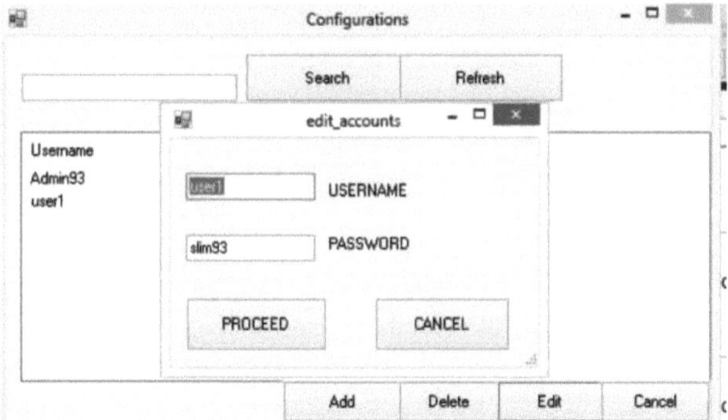

Figura 5.22: Janela de configuração do administrador mostrando que foi selecionado um registo para ser editado

5.2 RELATÓRIOS

A secção seguinte inclui os relatórios produzidos a partir do sistema. O primeiro relatório mostra os pormenores financeiros obtidos a partir dos dados introduzidos na base de dados.

O relatório que se segue mostra o número de disciplinas em que cada aluno está inscrito.

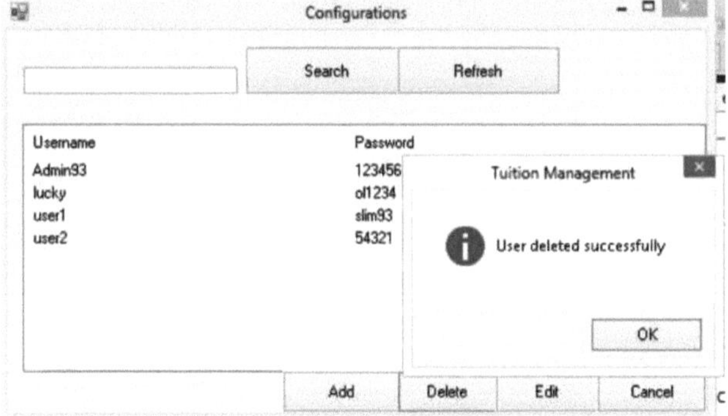

Figura 5.23: Janela de configuração do administrador que mostra que um registo foi eliminado com êxito

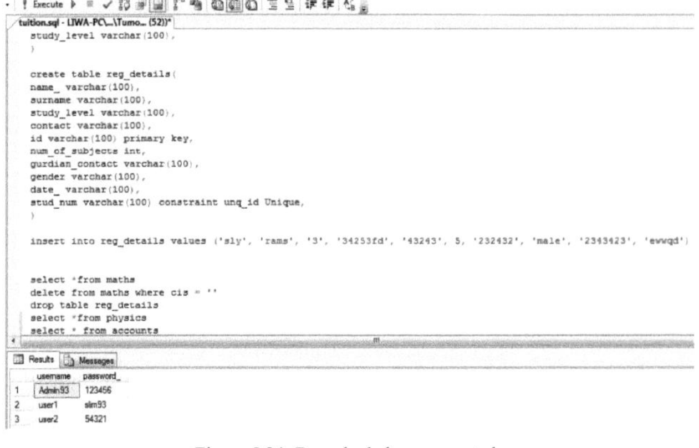

Figura 5.24: Base de dados apresentada

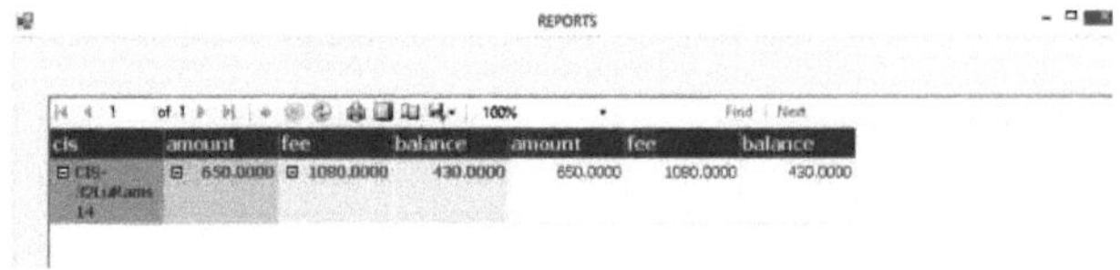

Figura 5.25: Relatório com pormenores financeiros

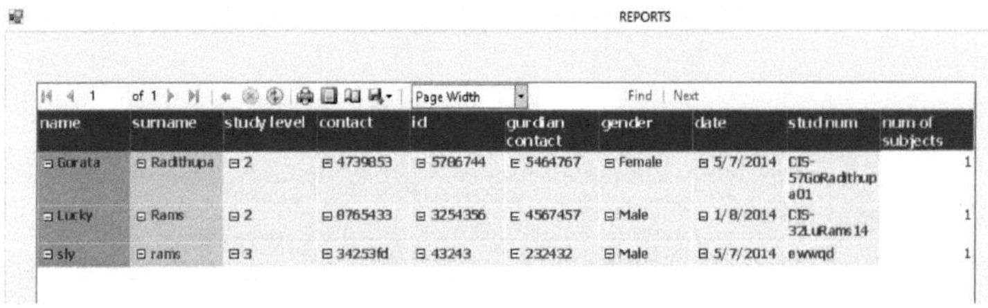

Figura 5.26: Relatório que mostra o número de disciplinas em que cada aluno está inscrito

Capítulo 6

<u>CONCLUSÃO</u>

O sistema desejado foi concluído com pequenos contratempos e um grande sucesso. Os requisitos fundamentais enumerados foram cumpridos nas fases de desenvolvimento do sistema.

6.1 REALIZAÇÕES

O sistema permite que um utilizador inicie sessão, guarde, modifique e elimine registos. Foram implementadas medidas de segurança para impedir o acesso, uma vez que os utilizadores não autorizados não podem aceder ao sistema sem as credenciais válidas. O sistema desenvolvido foi concebido para ser de fácil utilização pela administração. A criação de relatórios pelo sistema também foi efectuada sem qualquer dificuldade.

6.2 FALHAS

Embora a maioria dos requisitos do sistema tenha sido cumprida, há alguns que não foram cumpridos no processo, tais como alertar um aluno por SMS de que tem de pagar as suas prestações. Esta falha surge como uma limitação devido à falta de competências suficientes para integrar o método utilizando o programador de aplicações Visual Studio.

Bibliografia

Atanasoff, J. V. (2006), "O inventor da primeira computação eletrónica digital".

Cranor, L.F. e Garfinkel, S. (2005). Segurança e usabilidade: conceber sistemas seguros que as pessoas possam utilizar. " O'Reilly Media, Inc.".

IBRAHlM, H. B. (2007), "Sistema de gestão de centros de ensino".

Ndede-Amadi (2013), "Sistemas de gestão digital".

Pride, W. M. (2012), "Sistemas de gestão nas organizações".

Strasler (1996), "Tuition management systems in europe".

Sagiroglu, Seref, e Duygu Sinanc. (2013) "Big data: A review". Em Collaboration Technologies and Systems (CTS), Conferência Internacional sobre, pp. 42-47. IEEE.

Tuomi, I. (1999), janeiro. Os dados são mais do que o conhecimento: Implicações da hierarquia invertida do conhecimento para a gestão do conhecimento e a memória organizacional. Em Ciências dos Sistemas, 1999. HICSS-32. Actas da 32ª Conferência Internacional Anual do Havai. IEEE.

Apêndices 1

DATA DA REUNIÃO: 03-02-2014

AGENDA: - Breve discussão do projeto Resumo do projeto

1. Apresentação do resumo do projeto.

2. Discussão de informações de base sobre o sistema atual.

3. Objectivos declarados.

4. Discussão dos resultados desejados.

5. Metodologia a utilizar.

- Atribuição de funções ou deveres aos membros do grupo.

DATA DA REUNIÃO: 04-02-2014

AGENDA:

1. Discussão sobre a conceção do sistema

2. Discussão sobre o diagrama de casos de utilização

3. Discussão sobre diagramas de classes

4. Cenários de casos de utilização

DATA DA REUNIÃO: 14-02-2014

AGENDA: Discussão da análise de requisitos

(a) A análise de requisitos deve incluir tanto os requisitos do utilizador como os requisitos do sistema.

(b) Deve ser efectuado um catálogo de requisitos. Este inclui o requisito, a identificação do requisito, os requisitos funcionais e não funcionais.

DATA DA REUNIÃO: 20-02-2014

AGENDA: Reunião com o supervisor

5. A equipa reuniu-se com o supervisor para obter feedback sobre o resumo do projeto que lhe foi entregue.

DATA DA REUNIÃO: 27-02-2014

AGENDA:

(a) Reunião com o supervisor

i. Obter feedback sobre o resumo do projeto. A equipa foi instruída a procurar uma metodologia melhor. Foi utilizada a metodologia de desenvolvimento rápido de aplicações.

ii. Obter feedback sobre a análise de requisitos. Foi pedido à equipa que voltasse a analisar os requisitos não funcionais. (Os requisitos não funcionais são definidos como as restrições aos serviços ou às funções oferecidas pelo sistema).

(b) Reunir-se em grupo depois de falar com o supervisor

6. Discutiram brevemente o que o supervisor disse e atribuíram tarefas uns aos outros.

Apêndices 2

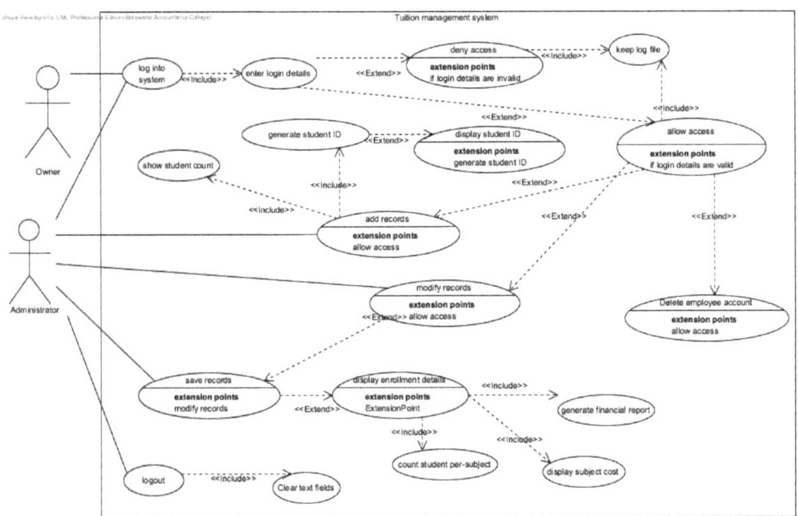

Figura 6.1: Diagrama de casos de utilização

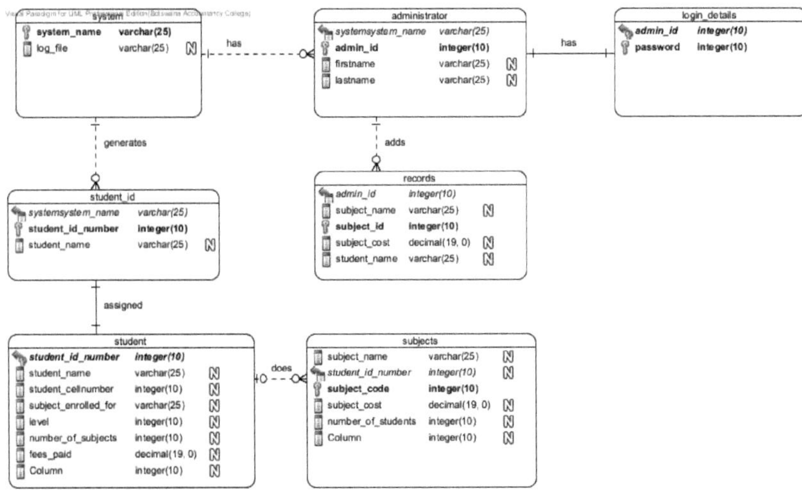

Figura 6.2: Diagrama Entidade-Relação

41

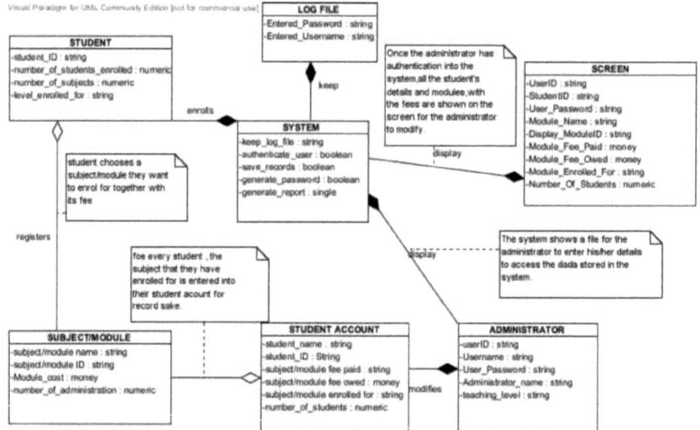

Figura 6.3: Diagrama de classes

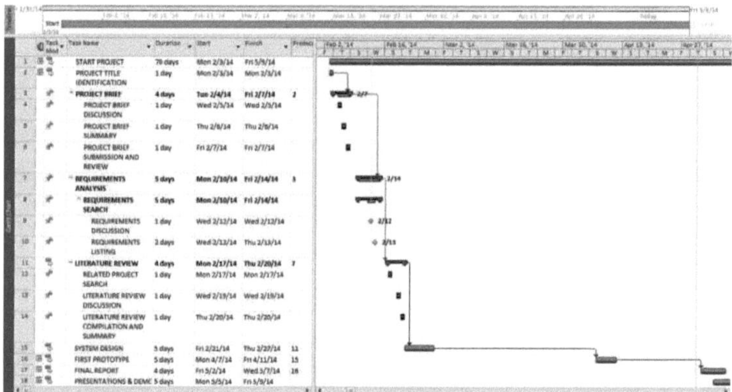

Figura 6.4: Gráfico de Gantt inicial

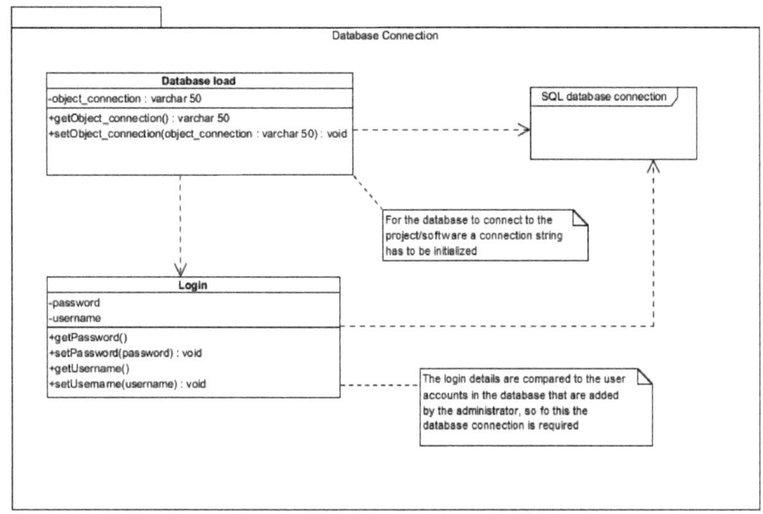

Figura 6.5: DIAGRAMA DE EMBALAGEM1

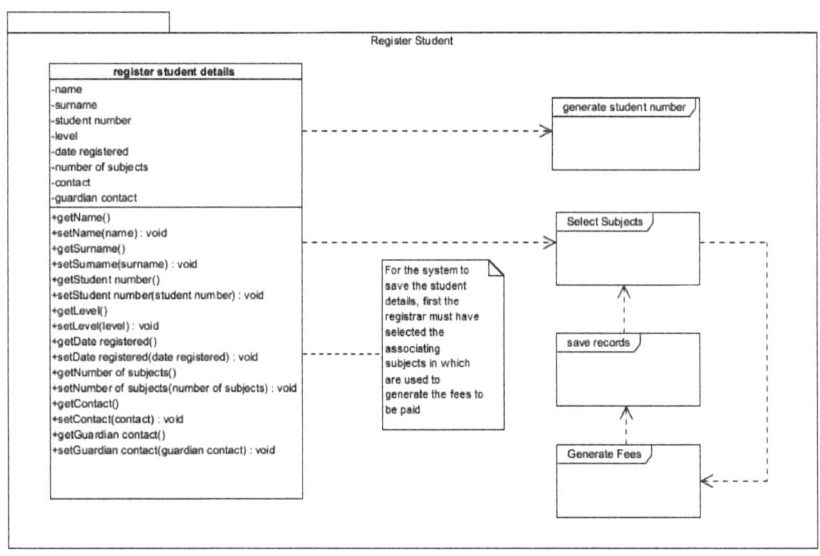

Figura 6.6: DIAGRAMA DE EMBALAGEM 1

43

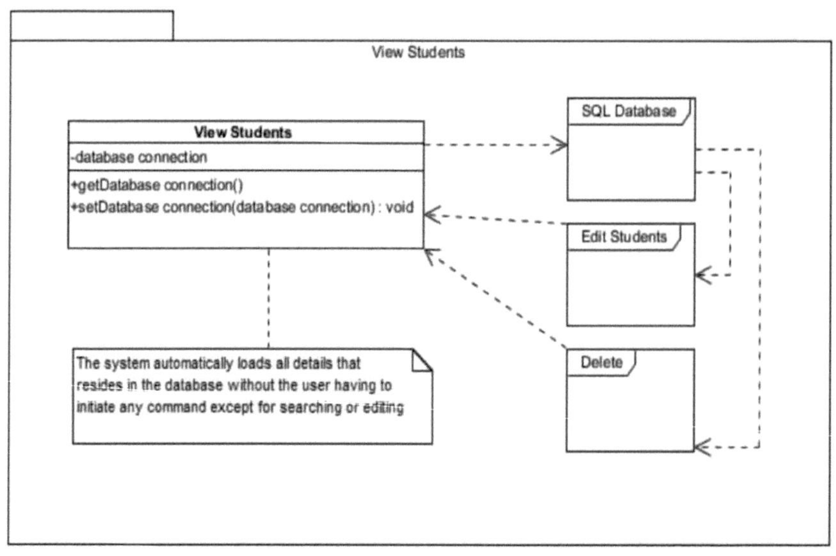

Figura 6.7: DIAGRAMA DE PACOTES!

Printed by Books on Demand GmbH, Norderstedt / Germany